どんなことが起こっても これだけは本当だ、 ということ。

幕末・戦後・現在

加藤 典洋

岩波ブックレット No. 983

はじめに――演題について

この講演講座の基本テーマは、「変わる世界　私たちはどう生きるか」というものです。そこで、いま自分の考えていることにこの講座のテーマを重ね、「開かれたかたちで、考える」ということについて、最初に浮かぶ言葉、幕末の世界と戦後、さらに護憲論の問題という順序でお話ししてみたいと思います。

「開かれたかたちで、考える」とは、簡単にいうと、当初の考えにこだわらない。壁にぶつかったら、そこで考えを変える。考えることのうちにそのような「力」を認める、ということです。それをここでは、少し変わった表現になりますが、「変態力」と呼ぼうと思います。

まず、最初に私に思い浮かぶ言葉からはじめて、次、前半の三分の二くらいは、なぜこの「変態力」を考えるうえで、幕末の世界が参考になるのか、というお話をし、最後、後半三分の一くらいで現在の護憲論の話に接続します。

はじめに、演題ですが、「変わる世界」――激動の世界――のなかで、私たちは何を手がかりに考え、どう生きていけばよいのか。こういう問いを受けて、それへの自分の答えのつもりで、まっさきに思い浮かんだ言葉をこの演題に選んでいます。この言葉は、宮崎駿さんの対談での発言から借りたものです。

宮崎さんは、養老孟司さんとの対談で、なぜ『千と千尋の神隠し』(二〇〇一年、以下、『千と千尋』)を作ったか、と尋ねられ、こう答えています(『虫眼とアニ眼』二〇〇二年〈新潮文庫〉)。あるとき、たまたま一〇歳くらいの子どもたちを見ていた。そしたら、自分は彼らに対し、いま何が語れるだろうか、という考えが浮かんだ。最後には正義が勝つ、なんて物語を語ろうという気にはさらさらなれなかった。そうではなく、「とにかくどんなことが起こっても、これだけはぼくは本当だと思う、ということ」、それを語ってみたい、と思った。そして、この最初のモチーフを手放さないでいたら、『千と千尋』ができた、というのです。

さて、この言葉を、私は、最近出した『敗者の想像力』(集英社新書、二〇一七年)という本のなかに引いています。そしてそこに、この「とにかくどんなことが起こっても」、また、「これだけは」、という言葉のなかに、宮崎さんの「戦後人としての根本の姿勢」が現れている、と書いたのですが、それを、「子どもとして戦争を体験した人」の「根本の姿勢」と書いたほうが、よかったかもしれない、といま、思っています。『千と千尋』には戦争のことは出てこないので、これは私の勝手な解釈ですが、しかし、なぜ一〇歳の子どもたちを前にしての思いが、「とにかくどんなことが起こっても」であり、「これだけは」なのか。この「大」と「小」の対比には、戦争のような「大きな」できごとの影がさしている。また、それを受けとる者の「小ささ」の自覚が生きている。そんな感じをもったのでした。

事実、その「大きなできごと」の影の一端が、スクリーンに現れてくる場面が『千と千尋』にはあります。千がカオナシたちを連れて水に覆われた田園地帯を短い電車で銭婆《ぜにーば》の住む「沼の底」に向かうシークエンス。そこで、終戦直後の引き揚げ者達を思わせるシルエットのままの不思議な乗客たちが駅のプラットフォームを乗り降りする場面です。そして、そこには戦争が終わったときに四歳だった宮崎さん自身も、一瞬ですが、出てきます。電車が通過する踏み切りで、一人の幼い男の子がお父さんと思われる男性に手をつながれてやはりシルエット姿になって電車を見送る場面。それは、戦争が終わったときの宮崎さんの姿だと、見ていて私は独り合点に感じました。

何もわからない「子ども」である自分の前で「戦争」という大きなできごとが起こっている。そのような力関係のなかで、無力の者の側の手にあるのは、手にちょうど入るほどの大きさの小さな石が一つです。そういうとき、人は、「とにかくどんなことが起こっても、これだけはぼくは本当だと思う、ということ」を頼りに動くしかありません。私は、勝手にこの言葉から、そんな一人の子どもの姿を思い浮かべ、そういう場所から、「変わる世界　私たちはどう生きるか」

ということについて、考えてみたいと考えました。

1「犬も歩けば、棒にあたる」ということ

だいたい、いま世界で起こっていること、日本で起こっていることをどう見るか。今回のこのテーマに対し、それをよく見える人として問い、それに答えるというあり方と、それをよく見えない人として問い、それに答えるというあり方と、二つがあります。いまの世界と日本の社会の激動のなかで、それがなぜ、どうして起こっているのか、と考えること。これは大きな問題ですが、世の中の大半の人間は、それを明視・洞察できません。できないままに生きてゆく。そういうとき、「とにかくどんなことが起こっても、これだけはぼくは本当だと思う、ということ」だけを手に、考えるということには、どのような資格、権利があるでしょうか。また、いまの世界をこのような仕方で生きていけば、どのような問題が起こってくるでしょうか。ここでまず考えてみたいのは、そういう問題です。

ここにいう、「とにかくどんなことが起こっても、これだけはぼくは本当だと思う、というこ

と」とは、変わる世界のなかで、どんな明察からもへだてられたただの人、普通の人間が、徒手空拳のまま手にする初発の問いです。こういうと何だか雲をつかむようですが、しばしばこの思いは、「どう考えても、これは違う、本当ではない、おかしい」という感じ方を入り口にしてはじまる思考の廊下の突き当たりに、壁として現れるものなのだといえば、少しはわかりやすいかも知れません。ですから、私は、この考え方の出発点には、一定のひろがり、ある種の普遍性があるのだと思っています。ここで普遍性というのは、ある場面に置かれた場合、どのような人間も、おかしいと思う、うれしいと思う、そのはずだと思えるものがそこにあること、そして考えていけば、最後に、こうするほかないヨ、こうするだろうヨ、というところまで歩みを進める、そういうやむをえなさ、動かしがたさが、そこに備わっている、というほどの意味です。

しかし、ことは簡単ではありません。たしかに、この初発の問いには、動かしがたさがあります。しかし、それは常に正しいとは限らない。正しいのかもしれないが、そうだとしても、それで問題が解決するとは限らない。その「これだけは本当」を手に歩みをはじめたら、やがて現実の壁にぶつかる、ということも起こるはずです。だとしたら、そういうばあい、人はどうすることができるのか。そういうことまでを含めて、「とにかくどんなことが起こっても、これだけはぼくは本当だと思う、ということ」は、問われているからです。

宮崎さんの『千と千尋』で、千は、湯婆婆《ゆばーば》の支配する世界のなかで苦しみます。しかし、最後、その世界の矛盾を、根こそぎ、湯婆婆の双子の姉妹である善玉らしい銭婆と協力して打破するのではありません。つまり、どこかの国の大統領のように、多国籍軍を作って、悪の枢軸を倒すのではない。そんなことができる条件はどこにもありません。また、もし、そうしたいのなら、自分で立ち上がらなければなりませんが、しかし、そこまでを行う理由を自分のなかにもっているわけでもない。ハリウッド映画のヒーローとも違います。千にとって、何より大事なのは、豚に変えられてしまった両親を救い出すことだからです。そして、最後、千は、両親を救い出します。けれども、湯婆婆の支配する世界はそのままに残る。自分が語りたいのは、最後には正義が勝つ、などという物語ではない、と宮崎さんがいうのは、たとえば、こういうあたりなのではないかと思って、私はこの映画を見終えました。

では、そのように物語を紡ぐことで、宮崎さんは、どういうメッセージを一〇歳の子どもたちに届けているのか。私は、『敗者の想像力』のなかで、この物語が私たちに語ってよこすのは、「限られた条件のなかでも人は成長できる」、悪を倒して正義を実現することで大人になる、というような紋切り型に嵌《は》まらなくとも、人は子どもとして成長できるし、世界をほんの少しであれ、変えることができる、ということだと述べています。曰く、「世界には不正がある。しかしいつどんな場合でもそれを覆し、是正できるとは限らない。とはいえ、だからといって何もできないわけではないし、何をしても無駄だということでもない(……)。できないことがある。しかし、その限られた条件のなかでも、人は成長できる。また、「正しい」ことを、つくり出すことができる」。

つまり、初発の問いに立ち、そこから考えていくと、最後には正義が勝つ、などという紋切り型を、内側から崩す別の物語を手にすることができるゾ、ということが、この宮崎さんの作品が私たちに教えることなのです。

私自身のなかにも、これに似た経験があります。「最後には正義が勝つ」という紋切り型ではない物語を手にできたのではないか、それを内側から覆す新しい「正しさ」を作り出せたのではないか、という経験です。その一連の思考のプロセスを私は、ひそかに、「犬も歩けば、棒にあたる」、と呼んでいます。一度何もかもを手放し、徒手空拳の犬になる。そのことに徹底すると、何かにぶつかる。コツンと乾いた音がして周囲が一瞬明るくなる、そしてそこから次の展開が生まれてくる、これはそういう経験なのですが、それが、今日、ここでお話ししようと思う、「開かれたかたちで、考える」ということの指標です。まず、犬になろう、何ももたない犬になって歩こう、そうしたら、棒にあたる。そのことを一つのチャンスと考えよう、というのが今日の私の話なのです。

2　間違う思考は、間違いか——吉本隆明さんとのやりとり

私は、長い間、文芸評論を書くというような仕事を続けてきました。そして、この仕事を通じて、自分なりに、「とにかくどんなことが起こっても、これだけはぼくは本当だと思う、ということ」が、最後には考えることの足場になるという思いを深めてきました。最初からこう考えたというのではないのですが、あるとき、自分の考える仕方が、このようなものであることに気づいた、ということです。文芸評論というのは、ある文学作品を前にします。それは新しくこの世に作られ、生まれ出たものです。それをどう読むか。そのばあい、極端にいえば、自分の考えでそれを裁断するか、あるいは自分を無にし、その前に立って、自分が受けとったものが何かに耳をすませようとするか、そのいずれかになります。自分は、この後者の方法で、ものを考えてきた。『僕が批評家になったわけ』(岩波書店、二〇〇五年)という本があって、そこにふれていますが、これが自分の考える仕方だと、あるとき、気づくことがあったのです。一九八〇年代の前半のことです。

しかし、それからしばらくして、それではダメなんだ、と言われる、という経験に見舞われました。一九九五年のことですが、私は「敗戦後論」というものを雑誌に発表した後で、吉本隆明さんを迎えて、憲法をめぐる座談会を行います。当時、編集委員をしていた『思想の科学』という雑誌で、憲法と憲法九条の評価をめぐる座談会というものを企画したのです。「半世紀後の憲法」というのがそのタイトルで、この年の七月号に発表されています。企画のきっかけは、これまではそうでもなかったように見えたのに、吉本さんが、この前年、社会党を加えた連立政権が出来て社会党の村山富市首相が日米安保条約と自衛隊の存在を容認する発言をしたら、激怒した。そして、これに続いて、「憲法九条」がどんなに大事なものか、手軽に動かしてはならないものか、という発言を行ったことです(『超資本主義』徳間書店、一九九五年)。

この発言について、私は、これまではそうではないように見えたのに、なぜ、急に、吉本さんが護憲発言を行うようになるのか、どこがこれまでの護憲派の考えと違うのか、わからない。このことを不審に感じているので、真意をお聞きしたい、という手紙を吉本さんに書きました。吉本さんは、快諾して下さり、当時、新大久保にあった思想の科学社の手狭な二階の六畳間で、竹田青嗣、橋爪大三郎という人たちを加え、座談会を開いたのです。この座談会の記録は、この後述べる吉本さんと私の対談とともに、今度出る本に入る予定ですが(「半世紀後の憲法」『対談――戦後・文学・現在』而立書房、二〇一七年)、そこでのやりとりで、話が広がりそうになったので、司会の私が、吉本さんに、右の問いを改めてさし向けたところ、吉本さんは、「いや、何をお話ししたらいいのか少しわかったように思う」といわれて、こう返されたのです。正確を期すと、こうです。

加藤さんと僕が違うところがあるとすれば、それは僕の戦争体験からの教訓なんですね。外から論理性、客観性でもいいですが、そういうもので規定されると、自分をうんと緊張させなければならないときには、自分に論理というものをもっていないと間違えるねっていうのが、そのときのものすごい教訓なんですよ。内面的な実感にかなえばいいんだということで、戦争を通ってみたら、いやそうじゃねえなということがわかった。

そして吉本さんは、こう続けました。

加藤さんもそうだと思うんですけど、僕はもともと文学的発想なんですね。つまり、内面性の自由さえあれば、他はなんにもなくてもいいくらいに思っています。（……）ところが、戦後、僕らが反省したことは、文学的発想というのはだめだということなんです。これは、いくら自分たちが内面性を拡大していこうとどうしようと、外側からくる強制力、規制力といいましょうか、批判力に絶対やられてしまう。

このとき、私は、深くショックを受けました。このように考える仕方を、吉本隆明さんからも学び、受けとってきたような気がしていたのに、いや、それは違うんだ、といわれたも同然だったからです。しかし、しばらくしたら、猛然と闘争心がめばえてきました。吉本さんは、おかしい。吉本さんは、吉本さんいうところの「もともと」の「文学的発想」を、否定すべきではないのではないか、それは間違っている、と思ったのです。

なぜなら、この出発点の、何にも情報がないところからでも、手持ちの材料で「とにかくどんなことが起こっても、これだけはぼくは本当だと思う、ということ」を手がかりに考えていく、吉本さんいうところの「内面的な実感」の根源を手探りしていく考え方には、一定の普遍性があります。先に述べた、誰もが、大きなできごとの前に立たされたとき、こうしか考えようがないという出発点の「動かしがたさ」です。それで吉本さんも、「もともと」はこの「文学的発想」に立って考えることを、選んでいたはずなのです。

その吉本さんが、この「文学的発想」をどこまでも押し進めていった。そしたら、間違った。それで、戦後、「文学的発想というのはだめだと」「反省した」。しかし、なぜ吉本さんは、間違った後、「文学的発想」ではダメだ、と今度は、それを起点に、その先に抜け出ていくことになったのでしょうか。それは、誰もが大きな激動にさらされたとき、こうしか考えはじめられない、という「動かしがたさ」のうえに立って、その方法をどこまでも徹底したからにほかなりません。それで、間違ったときに、この間違いには「動かしがたさ」があると気づき、そうである以上、これではダメだ、ということが次に進む起点になる、と思うことができたわけではなかったのでしょうか。

Aからはじめたから、現実にぶつかり、Aではダメだとわかり、Bに抜け出ることができた。だとすれば、Bに抜け出た後、Aはダメだ、というべきではない。間違いを気づくところまで自分を連れて行ってくれた親の思考を、そこから別方向に抜け出た子の思考は、否定すべきではない。それでは自分を否定することになるではないか。吉本さんは、そういうことで、自分の考える仕方を裏切っている。私はそう、思ったのです。

ここであまり吉本隆明さんのことを知らない人のために補足すれば、戦争が終わったとき、吉本さんは、一九歳でした。その戦時下に考えたことについて、のちにこう書いています。曰く、戦時下で、「わたしは徹底的に戦争を継続すべきだという激しい考えを抱いていた。死は、すでに勘定に入れてある。年少のまま、自分の生涯が戦火のなかに消えてしまうという考えは、当時、未熟なりに思考、判断、感情のすべてをあげて内省し分析しつくしたと信じていた」「戦争に敗けたら、アジアの植民地は解放されないという天皇制ファシズムのスローガンを、わたしなりに信じていた。また、戦争犠牲者の死は、無意味になるとかんがえた。だから、戦後、人間の生命は、わたしがそのころ考えていたよりも遙かに大切なものらしいと実感したときと、日本軍や戦争権力が、アジアで「乱殺と麻薬攻勢」をやったことが東京裁判で暴露されたときは、ほとんど青春前期をささえた戦争のモラルには、ひとつも取り柄がないという衝撃をうけた」(『高村光太郎　増補決定版』一九七〇年〔講談社文芸文庫〕)。また、後にはこのことを、一度、同世代の橋川文三に対し、「おれは戦争中のじぶんについて、どうしてもこれだけは駄目だったなあ、と戦後になって考え込んだことがふたつある」と話したことがあるが、そのうちのひとつは、「世界認識の方法についてなにも学んでいなかったこと」だった、とも記しています(「情況とはなにかⅥ――知識人・大衆・家」一九六六年〔『吉本隆明全集』第9巻、晶文社、二〇一五年〕)。

そこから吉本さんが、提示することになるのが、「マチウ書試論」(一九五四―五五年〔『マチウ書試論　天公論』講談社文芸文庫〕)という論考の最後に出てくる、名高い「関係の絶対性」という考え方です。単線的にまっすぐにそれが出てくるのではないのですが、大きくいえばそうなる、そしてその後の「転向論」(一九五八年〔同前〕)の「日本の近代社会の構造」の「総体のヴィジョン」をとらえることが大事だ、という命題につながる、というのが私のひそかな見取り図です。曰く、「関係を意識しない思想など幻にすぎないのである」「秩序に対する反逆、それへの加担というものを、倫理に結びつけ得るのは、ただ関係の絶対性という視点を導入することによってのみ可能である」(「マチウ書試論」)。

先に「外から論理性、客観性でもいいですが、そういうもので規定されると、自分をうんと緊張させせなければならないときには、自分に論理というものをもっていないと間違える」といわれたことの「反省」の結果、――そこでの「外からの規定」が「関係」に重なるかたちで――吉本さんの思考の濾過器を通じてこの言葉が生まれていることがわかります。いくら内面性を拡大し、考え抜いていっても間違う。そこで人は「関係の意識」に覚醒しなければ、迷妄のなかにとどまるほかない。これが吉本さんの戦後の「反省」の弁だったのですが、あの私への言葉も、そこから同じく、「戦争体験からの教訓」として語られていたのでした。

3 「内在」から「関係」への転轍――『日本人の自画像』

さて、二〇〇〇年に出した『日本人の自画像』(岩波現代文庫)という本で、私は、吉本さんのこの「戦争体験からの経験」と同質の問題を、「幕末の革命思想の経験」として論じています。ここには、その直前に書いた『戦後的思考』(一九九九年〔講談社文芸文庫〕)という本のなかの吉本隆明の「転向論」をめぐる章とともに、一九九五年の吉本さんとのやりとりへの私の回答がこめられていました。吉本さんが、自分の戦争体験に照らして述べた「教訓」を、私は、当然ながら、自分が学生の時分に経験した全共闘運動と呼ばれた一種の学生運動に重ねて受けとめました。私にも譲れないものがあったのです。

私は一九四八年の生まれで、六六年に大学に入学し、二年留年して七二年に卒業、その四月から社会に出ています。二年留年したのは、この間、六八年を中心にいわゆる学生反乱の時期があり、全共闘運動というものが日本の大学のあちこちで起こっていたからです。ところで、この学生運動の経験がもたらした最大の困難は、これに関わった多くの人たちのばあいと同様、私にとっても、大学を離れる直前、七二年二月に起こった連合赤軍事件からやってきました。これは、この運動のうねりのなかから出てきた最左翼党派が、銃砲店を襲撃するところからはじまって、実際の革命をめざすなかで、山岳ベースにこもって武闘訓練を行い、自壊し、仲間を集団的なリンチで殺害し、最後、ある会社の保養所の管理人の妻を人質に籠城し、機動隊と銃撃戦を行ったあげく、逮捕されるという一連のできごとからなる、この時代を揺るがす大事件でした。この事件を前にして、多くの同世代人と同様に、私も、一歩違っていたら、自分もそこにいただろう、と思わざるをえなかったのです。これをほぼ自分にもありえたこととしてしか受けとめられなかったのです。

この山岳ベース事件では一二名の人間がリンチあるいはそれに類した行為で殺害されています。また山荘籠城銃撃事件では機動隊員、一般市民にも死者が出ています。

これらの反体制の運動への参加の起点は、私などの場合は、単なる大学での学生不当処分への疑問とか、日本政府のベトナム戦争加担への反対といった、素朴な「正義感」のようなものでした。「正義感」といっても、学内をデモして大学への七項目要求などと呼号しながら、この七項目とは何だったたか、と頭で数えてみたところ、四つほどしか思い出せないくらい、それは「いい加減な」ものでした。その自分の「いい加減」さの発見について、私はあるところに書いているのですが(「40年前〈政治の季節〉を再考する　大学紛争」毎日新聞、二〇〇八年六月四日)、それは、「いい加減」なものながら、一つの反社会的な気分としては、ある「動かしがたさ」をもっていると、感じられていたのでした。

いまでもその「動かしがたさ」を否定するつもりはありません。ですから、この「正義感」と「いい加減な気分」と、ある「動かしがたさ」をどこまでも加速していけば、どうなるのか、この「正義感」によって「いい加減な気分」が押し切られ、制裁され、凄惨なところまで行ってしまう。そのことのリアルさを自分のなかに感じないではいられなかったのです。

いや、こういっただけではまだ不十分かもわかりません。もう少しいうと、私はそのころからもう文章を書いていました。そこから考えると、当時の私にすでに相反する二つの側面がありました。一つは、一九六六―六七年の気分ともいうべきもので、それはフーテンとかサイケとかいわれた六〇年代の高度成長期に開花した都市文化の息吹きです。一九六六年、ビートルズがやってきます。新宿には風月堂というヒッピー文化のメッカのようなカフェがあり、そこに行くとマリファナの匂いが立ちこめていました。そこは当時、私のもっとも好きな場所でした。私は一九六六年、六七年の夏は、新宿にたむろするフーテン文化の周辺にいる一人で、ジャズ喫茶や新宿東口の路上、ダダとかＬＳＤなどという名の地下カフェに入り浸っていたのです。

ところが、一九六七年秋の羽田事件をきっかけに私と世界の関係、私における社会の色合いは一変します。翌六八年には東大闘争が起こり、私もそこで夏の二回目の安田講堂占拠というものから本格的に参加するのですが、この闘争では、当初、「自己否定」ということがキーワードになるのです。エリートである自己を否定せよ、ということだったでしょう。そしてそのころ私の書いた文章のタイトルを覚えているのですが、それは、「黙否する午前」というものです。気分も覚えています。とてもとても思いつめた社会のすべてを否定するという気分でした。つまり、そこでは当初から、野放図な「いい加減な」ヒッピーの気分と、「自己否定」をともなう正義と否定性の感情が、それこそ、背中合わせに貼りついていたのです。

ところで、連合赤軍とはその名の通り、二つの異質で孤立した最左翼セクトが「連合」して結成された集団です。これについては、後でまたふれますが、そのことの意味が私には、いま、このときの自分に無関係ではないものとして、やってきます。二つというのは、神奈川の労働者層に拠点をもつ毛沢東派の京浜安保共闘と、どちらかといえば都会的で国際的志向をもつ赤軍派です。このうち、自壊は前者の「正義感」が後者の「いい加減な気分」を駆逐、粛清するというかたちで起こっています。つまり、ここに、「正義感」、自己否定の気分と、ヒッピーにもつながるような都市文化的な自由な気分とが合流していた。連合赤軍事件というできごとのもつ「動かしがたさ」は、この「正義感」と「いい加減な気分」が当時、一人一人、同年代の誰のなかにもあったことからきていたというのが、現在の私の考えです。

だとすれば、どこが間違いだったのか。何が問題だったのか。とにかく、そういう問いが、私のなかにはいつまでも残りました。

もう一つあります。

いま、また、こういうことをいうのは、この問題が、中東のイスラム原理主義の運動、たとえば「ＩＳ」とか、少し前のアルカイーダ、タリバーンの運動、そこに巻き込まれている若い人間たちの運命とも、無関係ではない。そこにもつながる問題だと思うからです。彼らの運動のあり方は、私に、日本のケース、新左翼の内ゲバなども含む問題を思い起こさせます。そしてそれは、私自身の問題でもある。私はそう思っているのです。

さて、二〇〇〇年に『日本人の自画像』という本を書いたとき、私は、自分の学生時にぶつかった問題が、吉本さんの戦争体験とも重なるかたちで、幕末の尊皇攘夷の志士たちの動きと深く通じていることに気づきました。

そこでは、志士と呼ばれる若者たちが、愚直に尊皇攘夷という考えに走り、外国人に対しテロなどをやったあげく、その属する藩ごと、薩英戦争、下関戦争といった手ひどいしっぺ返しを受けて、今度は、いっせいに尊皇開国に変わる、そしてこの二つのプロセスをセットとして、明治維新と呼ばれる革命を成就しています。この、若者たちがいったん「犬」になり、「犬」になって歩いて「棒にあたる」構造が、自分の学生時の経験とも照らしあって、とても興味深く感じられました。吉本さんから出された問いへの私からの反問によい手がかりとなると思ったのです。それで、この事例をとりあげ、私はその本に、次のような意味のことを書きました。

考え方を形成する仕方をモデル化していうと、次の二つがあるだろう。一つは、外からの情報が閉ざされているなか、「いまいる自分の場所から、自分の考え、価値観を作りだし、それに照らしてものごとを考えてゆくあり方」であり、もう一つは、それとは逆に、外からの情報にふれたり、現実との関係を作りだすなかで、「自分の考えはさておき、他との関係から価値を割り出していく」あり方である。ここで先のほうを「内在」の思想――思想形成の仕方――、後のほうを「関係」の思想――思想形成の仕方――と呼んでみよう。すると、幕末期、欧米列強に開国を迫られ、そこから「無法な外国勢を打ち払え」とばかり熱くなった尊皇攘夷派は、「内在」の思想を示している。自分たちは何も悪いことをしていない。それなのに欧米列強は砲艦で脅しつつ、国を開けよ、という。そういう列強のほとんどは、これまでさんざん非欧米のアジアの国々などを植民地にしてきた。彼らの強引な貿易強要によってすでに不利な状況で金銀の流出などもはじまっている。なぜ、このような非礼、理不尽な要求に屈しなければならないのか。そう彼らは考えたからである――。

このように受けとれば、「攘夷」というあり方が、幕末期、「これはおかしい、理不尽だ」にはじまり、「とにかくどんなことが起こっても、これだけはぼくは本当だと思う」こととして人を動かす、「いま自分のいる場所」から出発する考え方の所産だったことがわかるでしょう。ここには、そういういわば植民地化されそうになっている国の弱者から見たばあいの、動かしがたい「正しさ」が、顔を見せているのです。

しかし、すぐに了解されるように、この起点の「正義感」は、その「正しさ」を実行すれば、よいのかといえば、それだけではすみません。なぜなら、彼らの一部が、暴走して生麦事件のようなテロ事件を起こす。すると、しっぺ返しが起こり、たとえば商人(民間人)を殺害されたイギリスは報復として薩摩を攻め、薩英戦争となり、薩摩はこてんぱんに負けてしまう。まあ、気持でいうなら、一が百で返されるからです。その結果、薩摩の尊皇攘夷派は、「正しさ」は「正しさ」として自分の側にあることを確信しつつ、このままでは植民地になるほかないというので、いわば「次善の策」として、尊皇開国派に変わってしまう。変わるほかに生き延びる道はない、という現実の壁が、彼らの前にたちはだかるのです。

さて、ではどうするか。彼らは、尊皇攘夷から尊皇開国に転向する。変節します。しかし、そのとき彼らは、あの「関係」の意識にめざめています。

ここに「内在」から「関係」への転轍《てんてつ》がある。私はそこに、こう書いて、このいったん「犬」になっての変節に、「内在」という自分のように無手勝流でものごとを考える人間にとっての大きな契機が現れること、そしてその「間違い」の発見、その結果の「変節」に一つの可能性があると、考えたのでした。

このことについて、二〇〇一年、9・11の同時多発テロからほどない時期に行われた吉本さんとの対談で、私は、吉本さんに自分の考えをぶつけ、吉本さんからの同意を受けとっています。吉本さんは、そのとき、概略、それでよろしいのではないでしょうか、といってくれました(「存在倫理について」、前掲『対談――戦後・文学・現在』所収)。

しかし、そのときは、まだ、この「変節」あるいは「集団転向」について、私の評価は、ニュートラルなものでした。むろん否定的というのではありません。しかし、積極的な意味をそこに認めているというのでもなかった。ある条件のもとで肯定的なものとなるが、そうでないばあいには否定的なものに転じる、という構造がそこにはあるわけですが、そこまで自覚していたのではありませんでした。しかし、このことについて、最近、私はさらに一歩踏み出して考えるようになっています。先に述べた連合赤軍事件、さらに「ＩＳ」などの現在のテロリズムの思想の行く末と、深く関わるばかりか、この後ふれる現在の護憲論の行く末にも、通じる問題が、ここに横たわっていると思うようになったからです。

まず、幕末に関わっていえば、ここにあるのは、次のような問題です。

4　現代世界と尊皇攘夷の「変態力」

幕末の尊皇攘夷思想は、江戸幕府の外国に対する開国和親政策への反対の声として、広がりますが、その後、それ自体が尊皇開国思想に転換し、明治政府が成立すると、すぐに新政府は開国方針を提示し、「攘夷」の過去を封印します。いわば明治維新の根源には、この「集団転向」の抑圧、封印という〝よごれ〟があるのです。

ここに述べる私の問題関心に一部重なる、山本七平の『現人神の創作者たち』（一九八三年〈ちくま文庫〉）には、このことについて慚愧の念を述べる岩倉具視、西郷隆盛の言葉が引かれています。

繰り返せば、かくいう私も、一七年前の『日本人の自画像』には、これを没価値的にではあるものの、集団転向とも、変節とも、書いていました。

しかし、いまはこういう問いが私に浮かびます。なぜ、幕末の尊皇攘夷思想は、現実の壁にぶつかったときに、関係の意識にめざめ、尊皇開国思想へと変容できたのか。また、そもそも、なぜ現実の壁にぶつかることができたのか。それは、尊皇攘夷思想に「自己変容」の能力が装塡されていたからなのではないか。そしてそうだとしたら、なぜ幕末の尊皇攘夷思想には、そのような変容能力が備わっていたといえるのか。また、その一方で、なぜ、どのように、明治以後においてこの「変態力」は見失われていくのか。そのことと、あの「動かしがたさ」の普遍性、死者への「後ろめたさ」、転向の痛覚の後退、その事実の抑圧とは、どのような関係をもつのか。

というのも、幕末の尊皇攘夷思想は、この時代に限ってみれば明らかにテロリズムの思想なのですが、いま私たちが目にするテロの思想、過激思想のなかに、テロないし自らの過激な主張を実行に移し、その結果、現実の壁にぶつかり、いわば「内在」「関係」の意識にめざめ、自ら現実的な反対主張へと転換していく例は、——先の私と同時代の連合赤軍のケースを含め——ほとんど見られないからです。

では、どこに幕末の尊皇攘夷思想(運動)と現在の中東のたとえば「ＩＳ」のイスラム原理主義思想(運動)の違いは、あるのでしょうか。

そのことを考えるうえで、一つの手がかりを提供しているのが、日本における幕末の薩長両藩と水戸藩の違いです。

幕末の当時、外国勢力の到来に対し、強い危機意識をもった藩が、列島には三つありました。いずれも列島の突端部分に位置する藩で、水戸藩、長州藩、薩摩藩です。外国船の漂着、外国艦船の近海通過ということなどが頻繁に起こるため、これらの藩では、他に比べ比較的早い時期から尊皇論と攘夷論が大きなうねりをもつようになっていました。しかし、一八六二年、薩摩藩がその攘夷論を実行してイギリス兵を殺傷する生麦事件を起こし、翌六三年、長州藩が下関海峡を通過するアメリカ、フランス、オランダの商船に砲撃したことから、それぞれ六三年、六四年に薩英戦争、下関戦争が起こり、この両藩は列強の軍事力の卓越ぶりと彼我の差を思い知らされ、先に述べたように、いわば「関係」の意識へと覚醒することで、政策を攘夷から開国へと転換します。いわば集団転向を遂げるのです。

ところが、水戸藩には、こういうことが起こりません。薩長両藩に比べ、江戸幕府に地理的にも政治的にも血縁的にも近接していたということもありますが、両者の違いは、薩長が攘夷をウルトラに実行し、壁にぶつかると、これはたまらんというので、全体で転向してしまうのに対し、水戸は攘夷の実行には向かわなかった。ウルトラな実行がなかったため、現実に藩全体でぶつかる、ということもなかった。そのため、対立が内向する。つまり内ゲバになる。では、なぜその違いが生じているのでしょうか。

その違いをもたらしているもっともわかりやすい要因は、私の考えをいえば、薩摩と長州では、尊皇論と攘夷論とが、出自を違わせたまま、勢力を拮抗させていたのに対し、水戸では、藩校・弘道館を舞台に尊皇論をつきつめた水戸学の拠点だったことから、いわば原理主義的な尊皇論の権威が圧倒的だったことです。

そもそも、尊皇攘夷論が生みだされたのは、水戸が最初です。水戸学の藤田幽谷が尊皇攘夷という言葉を唱え、その弟子筋に当たる会沢正志斎が『新論』という未公刊の書物でこの考えを論理化するのです。しかし、あくまで彼らがいうのは、江戸幕府は、尊皇の立場を明確にし、攘夷を実行すべきだ、という体制内の変革の論です。これを、新しい天皇という権威のもとに草莽の士が結集して現体制を打破し、攘夷を実行して、新しい政府を作るべきという討幕の路線に脱皮させるのは、水戸まで七〇歳の会沢に長州から話を聞きに来る、このとき二二歳の吉田松陰なのです。

長州の松陰が一番に考えているのは、この国が欧米列強の植民地にならないことです。一方、会沢にあるのは、江戸幕府の行く末への関心で、朱子学的な身分制度の遵守が、第一の優先順位でした。松陰は、欧米列強を打破するには、江戸幕府の政体では無理で、この国の誰もが、身分にかかわらず、一致協力できるような体制が作られなければならない、と考えます。一君万民というのは、そこから出てくるアイディアで、この国が植民地にならないため、討幕が必要だとなる。そして全員で外国勢力を打ち払う、となります。他方、会沢には、江戸幕府の存続が重要なので、そのためには、開国もやむをえない、という判断に傾くと、自説を最後には軟化させ、藩内の尊皇攘夷檄派(過激派)を尊皇攘夷鎮派(穏健派)として、抑えにかかるのです。

その結果、水戸は、攘夷を実行できず、逆に井伊大老暗殺の桜田門外の変の主役となり、藩内は分裂、自壊への道を歩みます。これに対し、長州、薩摩は、それぞれ、まずウルトラに走って攘夷を実行、藩の存亡に関わる列強、幕府との直接対決に直面し、「関係」の意識にめざめ、転向しつつ、これに伴い当然起こる藩内の危機を克服すると、一転、討幕で一致、そして新政府を樹立したときには、いつのまにか尊皇開国派になりおおせているのです。

当時、一番ものの見えていた同時代人の一人といってよい福沢諭吉は、薩長の尊皇攘夷論をさして、いま世間を騒がせている尊皇攘夷なる「妄説」は実際に天子を尊んでいるのではなく幕府攻撃の「姦計の口実」にすぎない、と喝破していますが(「長州再征に関する建白書」一八六六年)、それは正しい。彼らにおける尊皇論は、吉田松陰に見られる独学のなかから編み出された手作り性(徒手空拳性)と、討幕のための口実といったご都合主義を内在させた、いい加減さ、自在さ、つまりダイナミズムをもっていました。とても一〇〇年以上の前史をもつ朱子学の原理主義的蓄積のなかから抽出されてきた水戸の尊皇論のような権威ある厳密なものではなかったし、また、その攘夷論は、先に述べたように、「オレ達は何もしていないのに、列強は、軍事的に威嚇して開国を迫る、一方的なルールの貿易をもちかける。これはおかしい。このままでは他の国々のように植民地にされてしまう」という理不尽の感覚、弱者の抵抗という基盤に立つ、誰にも開かれた性格、普遍性を手にしていたのです。

「ＩＳ」やタリバーンがどんなに孤立し、欧米列強に攻めたてられても妥協せず、政策変更、思考転換を行わない理由も、ここから逆に察せられるでしょう。何しろ、彼らのもとにあるのはイスラム教という世界宗教です。水戸藩の尊皇論以上に、堅固です。これに対し、薩長では尊皇攘夷論が会沢正志斎のような卓越した学者の説としては摑まれていません。この後に紹介する土佐の脱藩浪士、中岡慎太郎の例に見るように、攘夷の論がいわば人民の生きる地べたにしっかりと足を据え、他方、尊皇の論も独自の出自をもつものだったため、そこでの両者の間には、互いに相手を刺激しあう生き生きとした拮抗関係が成立していました。

つまり、私の考えでは、列強への敗北の後、薩長において、ある意味では無節操ともいえる尊皇攘夷から尊皇開国への転向が可能だったことのうちに、この幕末の尊皇攘夷思想の「ひらかれた可能性」が、顔を出しているのです。

幕末の尊皇攘夷思想は、これまで一つの原理主義的な過激思想というように受けとられてきました。しかし、この理解は一面的にすぎる、間違っている、というのが最近の私の考えです。幕末の尊皇攘夷思想とは、いってみれば、攘夷論が一階で尊皇論が二階であるような二階建ての構築物といえましょう。尊皇攘夷派は構造として連合赤軍と類比可能な、異質な二つの出自、原理主義と地べた性を合わせもつ二層構造の集団なのです。しかし、幕末の尊皇攘夷論ではこの一階部分が独立した野性の明るさをもっていて、二階部分の尊皇論の権威、論理的強度に負けない強さを抱えています。またその尊皇論自体が、尊皇と尊王、勤皇・勤王も可、ともいうべき野卑性を抱えていて、人々の参加意識に開かれた広がりをもっていました。

このうち一階部分の「明るさ」は、それこそこの後見る中岡慎太郎、また彼の僚友でもある坂本龍馬が身をもって示しているもので、中岡は、土佐の古くからの庄屋の息子、坂本は、土佐の豊かな質屋の息子と、ともに、すぐれた学知をもつとはいえ、厳密な学問の世界とは別の場所からやってきた野人でした。水戸には、このような「明るさ」はありません。水戸学の尊皇論の厳密さ、厳格さが、志士ならぬ藩士たちのうえにのしかかっていました。

同じことが、現代版の尊皇攘夷思想の運動といえる「ＩＳ」、タリバーンにも言えそうです（タリバーンの原義は「神学校の学生」です）。そもそも、日本の尊皇・尊王論は、志士の活動の現場においては、それほどの論の厳密性、原理主義的な権威を帯びていません。藤田省三があるところで述べていたように、明治維新の当事者には、広く尊皇を標榜しつつ天皇の「神聖不可侵」を信じない、ある意味で「ちゃっかりした」便法的な現実感覚が共有されていました。尊皇を唱えながら、天皇を「玉」として使うしたたかな現実感覚です。当時、彼らの信従の対象となる天皇は存在していなかったのですから、それも当然でしょう。一六歳のお歯黒をした少年を、彼らは江戸に連れ出し、一人の気高い天皇に育て上げる。彼らは偶像を信じていませんし、また、偶像に依存していません。そこがこの偶像が「現人神」としての重層的なフィクション性を失い、単一の現人神そのものとなってしまう、一九三〇年代の皇国思想のばあいとの違いなのです。

その違いがあるため、一九三〇年代の軍部には天皇の現人神信仰をタテマエとする統制派とそれをホンネで信じる皇道派が生まれ、対立するのに対し、一八五〇年代の幕末期に起こるのは、この「皇道派」から「統制派」への集団転向ともいうべき、両者間の生き生きとした「変節」だったのです。

ところで、私は、昨年(二〇一七年)、『シン・ゴジラ』という映画を見ました。そこで、この新型のゴジラが、最初はなまずのようなカワイイ姿をしていて、順次、変態してゴジラに成長していくのを見て、このゴジラには「変態力」がある、と書いたのですが、この言葉を使うなら、日本の幕末の尊皇攘夷思想には、現実の壁にぶつかれば、そこで関係の意識にめざめ、自分の目標を再設定するというだけの現実即応能力――「変態力」――があった(とはいえその後再び、初原に回帰し、初期形を回復する形状記憶合金的な逆変態力、還相の変態力には乏しかった)。しかし、「IS」の思想には、そのいずれもが乏しい。そういうことができるかと思います。

この二つのものの拮抗関係がなぜ、大切か、ということを示すために、ここに一つのエピソードをつけ加えさせてもらいます。私の学生時代の経験からくる教訓で、先の連合赤軍事件に関係する話です。

連合赤軍事件のリンチというのは、両派が合同で山岳部に作ったアジト(山岳ベース)で起こった内部メンバーの批判(総括)がエスカレートした末の殺害事件だったのですが、そのきっかけとなったのは、禁欲的な党派である京浜安保共闘の指導部の一人が、都市文化の洗礼を受けた自由度の高い赤軍派のメンバーの一人が以前と変わらず指輪をしていることを、見とがめたことだった、といわれています。たるんでいる、ということだったのでしょう。批判されたほうは、最初はわからず、「差し出がましいようですが、何が問題なんですか」と尋ねたということです。これに対し、あなた方は苦労が足りない、という批判がなされ――革命闘士としての苦労、ということだったでしょうか――、一方の都市文化ふうの「自由ないい加減さ」が他方の禁欲的な「自己否定」の流儀に、粛清されたのでした。

連合赤軍というように、これは、京浜安保共闘(革命左派)と呼ばれたグループと赤軍派というグループが合体した二階建て構造をした思想集団でした。彼らの思想、生き方の流儀もまた、尊皇攘夷派の思想、流儀と同じく、二つのあり方の合体物でした。

ですから、この話を思い浮かべると、私のなかに、一九六六―六七年の新宿のヒッピー文化の

「自由ないい加減さ」と一九六八年以降の「自己否定」とそれに続く絶望的な社会拒否の気分とがよみがえります。そして、先ほど述べたように、後者の「思いつめた」気分の日々に、私が、デモをしながら、七項目の要求を思い出せず、ああ、オレもいい加減なものだ、と思えたことの僥倖、運のよさ、ということを考えるのです。

「いい加減であること」が、「どこまでも思いつめるあり方」と隣り合っていた。それが私の学生時代の思想経験の基本構造だった。そのことを忘れてはいけない、と強く思うのです。

5　幕末の攘夷思想と昭和前期の皇国思想

幕末の尊皇攘夷思想の自己変容能力——「変態力」——は、どこからきていたといえばよいでしょうか。

私の考えでは、尊皇攘夷思想が幕末に革命思想たりえた理由は、二つあって、その第一は、そこでの攘夷論が、強国による一方的な開国要求という不当な圧迫にさらされたばあい、弱小国の人民なら誰しもとらわれざるをえないだろう理不尽の感覚、いわば地べたの普遍性に裏打ちされていたことです。そしてもう一つが、この地べたの普遍性と、朱子学から出てきながらその後身分制度を打破する(討幕の)イデオロギーへと育つ尊皇論が、互いに異質なままに拮抗する、二階建て構造をなしていたことです。

そのうち、この第一の点については、幕末期に、このように尊皇と攘夷をとらえた人間がいないわけでもなかったことを、最近、みすず書房から出た『幕末的思考』(二〇一七年)という本の著者、野口良平が明らかにしています。その人物とは、先に名前をあげておいた坂本龍馬の僚友で、坂本と同じ土佐藩からの脱藩者である志士の中岡慎太郎です。中岡は、一八六六年一一月、これは彼が坂本龍馬とともに近江屋で暗殺されるほぼ一年前のことですが、友人に向けて書いた論で、こう述べています。

> 夫れ攘夷と云ふは、皇国の私言に非ず。其の止むを得さるに至つては、宇内各国、皆之を行ふもの也。米利堅嘗て英国の属国也。(……)華盛頓《ワシントン》なる者、民の疾苦を訴へ税利を減せん等の数カ條を乞ふ。英王不許。爰に於て華盛頓米地十三邦の民を師ひ、英人を拒絶し、鎖国攘夷を行ふ。
>
> (「愚論窃かに知己の人に示す」)

つまりわれわれの考える攘夷には、日本一国だけの事情を超えた普遍性がある。それをささえているのは、強国に虐げられた弱小国の誰もがこのように動かずにはいられないという「やむをえなさ」、動かしがたさである。中岡は、われわれの攘夷とは弱者の正義の普遍性のうえに立っている、イギリスに対し、独立戦争を起こした植民地のアメリカも、同じことをした。われわれの主張はそれと同じなのだ、というのです。

この中岡慎太郎という幕末の志士は、先にふれたように土佐の村の大きな庄屋の出です。前出の野口は、中岡が「庄屋見習いとして育」ち、坂本とは対照的に「村の疲弊、疫病、飢饉といった」、「外からの情報」に隔てられた「環境を経験し」てきた人間だったとして、こんな逸話を紹介しています。

若き中岡は、「飢饉の際、奔走して薩摩芋を入手したが足りず、貯蔵米の官倉を開く必要に迫られた。意を決して高知に出て、家老の役宅を訪ねたが相手にされない」。そこで「門前に端座して一夜を明かした」。この「中岡の姿をみた家老は、いたたまれずに官倉を開けた」というのです。

中岡は、「尊皇攘夷思想と海外知識を兼備する間崎滄浪に学問を、武市(半平太)に剣を学んだのち、やがて土佐勤王党に加盟」、その後、脱藩して、薩長同盟の締結などに奔走しています。その出自と関わって彼をささえた「天保庄屋同盟」の精神とは、「庄屋の権限は徳川家や諸大名ではなく朝廷に由来する」ことを謳うものだったということです。彼の加盟した土佐勤王党盟約書にも、「対等性の要求と変革への志向が脈打っていた」(『幕末的思考』)。あの「変態力」はそのような土壌にささえられるのです。

ところで、そこまでを知ると、私には、この一八五〇年代の(ペリー来航から一五年間の)尊皇攘夷思想と一九三〇年代の(世界恐慌から一五年間の)皇国思想が、とても同じものではありえない、という思いが天啓のようにやってきます。ここには幕末の尊皇攘夷思想の根幹が弱者の抵抗の「やむをえなさ」(普遍性)にあることが記されています。しかし、昭和前期の皇国思想は、黒船来航ならぬ世界恐慌に端を発した国難の「やむをえなさ」の主体を国家にすりかえた——帝国は列強の迫害に「やむをえず」戦端を開く(「今ヤ不幸ニシテ米英両國ト戦端ヲ開クニ至ル洵ニ已ムヲ得サルモノアリ」)と開戦の詔勅には記されています——国家主義の思想にほかなりませんでした。つまりこの国を主体にした「やむをえなさ」は、人に立脚する普遍性とは無関係でした。

しかし、普遍性とはそもそもその足場を一人の人間、個人におくほかにないあり方なのではないでしょうか。先の福沢は「一身独立して一国独立す」、また「立国は私なり、公に非ざるなり」といいましたが、尊皇攘夷思想が国家を「つくる」ものであるのに比べ、皇国思想は国家に「つくられる」ものにすぎません。つまり、幕末の尊皇攘夷思想が革命思想であるとすれば、一方、国体明徴運動によってささえられ、昭和維新を標榜し、一九三〇年代、昭和前期の日本社会を席巻した皇国思想は、疑似革命思想にほかならないのです。

両者の違いを示すもう一つの特質が、ここからやってきます。つまり、これが、先にあげた第二の点に関わることですが、幕末の尊皇攘夷思想があの「変態力」を備えていたのに対し、昭和初期の皇国思想には、これがありませんでした。つまり、幕末の尊皇攘夷思想は、どうしても植民地にされることは避けなければならないという弱者の抵抗の起点に立脚する具体的な新しい目標を共有していたため、このまま進めば、戦争に敗れ、この目標が達成できなくなる、ということが明らかになった時点で、現実の壁にぶつかり、全体として、転向するのですが、昭和初期の皇国思想には、そういうどうしてもこれを守らなければならない、という抵抗の起点、それも普遍性ある起点が、最初からなかった。皇国思想が唱えたのは「八紘一宇」であり、それは天皇の権威を世界に示す、という世界征服すら含意する誇大妄想的なイデオロギーにすぎません。「皇国の私言に非ず。其の止むを得さるに至つては、宇内各国、皆之を行ふもの也」といわれた中岡の「攘夷」とはちょうど逆に、それは、日本は世界のどの国とも違う、特別にすぐれた国だ、と述べる、まったく「関係」の意識を欠いた、手前勝手な天皇第一のイデオロギーでしかありませんでした。それで、最後、どうしても守らなければならないものとして戦前の日本に浮上した唯一の価値が、何とも内容のはっきりしない、「国体」の護持、具体的には天皇の生命の保障、でしかなかったのです。

その戦争観も、負けないためにどうするか、負けしか見込めなくなればどう和平に持ちこむか、という転向可能性への回路を当初からもたないものでした。敗戦決定時の陸軍大臣阿南惟幾をはじめ、幾多の陸軍、海軍のエリートたちが信奉してやまなかった皇国思想のイデオローグ、東京帝国大学の平泉澄が唱えた天皇のための聖戦観について、立花隆は、『天皇と東大』(二〇〇五年〔文春文庫〕)という明治以来の日本の錯誤の根源に光をあてた本のなかで、それが、たとえ圧倒的な敵に負けても信ずるところを貫徹すればよしとする、当初から、合理的思考を退けた戦争観だったことを指摘して、こう述べています。この平泉流の聖戦観によれば、

いかに敵が強大であろうと、ここでひるんではならない。北畠親房、楠木正成など、(建武の中興時に――引用者)南朝のために戦った人々も、吉田松陰、真木和泉など、幕末尊皇攘夷思想のために戦った人々も、ただ正義は我にありと信ずるが故にほとんど勝ち目がない戦いを戦って、喜んで非業の死をとげていったのだ。この戦争(……)においても、正義は我の側にあるのだから(天皇の側にいることが正義なのだから、こちら側がつねに正義である)、天皇のために命を捧げることこそ道徳的に最も正しい行為なのである。死をいとうてはならない。天皇のために死ぬことは誉にこそなれ、いむべきことでは全くない。歴史上の義人たちは、もっともっと絶望的な戦いにおいて、ひるむことなく戦ってきた。

(『天兵に敵なし』)

ということになる。ですから、この先には、もう一億総玉砕しか、ない。どこにも、現実の壁とぶつかる、という局面が出てこないのです。

もっともリアリスティックな思考を身につけているべき軍部指導層、政府高官の多くが、こうした非現実的な戦争観、世界観に染まっていたとはにわかに信じがたいのですが、それが昭和前期、戦争遂行期の現実でしたから、どんなに戦況が絶望的になろうと、そこから、もうこれはダメだ、講和・休戦をめざそう、という思想転換が出てこない。そもそも「死にたくない」の声に権利が与えられていないのですから、一階部分が存在しない。そのような思想転換をもし軍部の上層部が行ったら、敗北主義だとして、今度は下僚の突きあげを誘い、クーデタが起こるでしょう。

こう見てくればわかるように、現在の「ＩＳ」がそうであり、かつての連合赤軍がそうであったのと同じ問題――「変態力」の欠如――が、ここ、戦前の日本の現実にも現れているのです。なぜ、そうなるのか。理由は、皇国思想のばあい、その思想が、地べたの普遍性から隔てられていたことです。つまり、幕末の尊皇攘夷思想の根底をなしている弱者の抵抗の起点につらなる地べたの普遍性の「正義」に、権利を与えられていなかった。そのため、現実の壁にぶつかれなかった。しかし、もう一つあるでしょう。そのため、あの一階部分と二階部分とからなる思想の二層構造性をもてなかったことがそれです。

つまり、一つの思想が現実の壁にぶつかり、自分を変えることができるための条件とは、次の二つだということになりそうです。一つは、その一階部分の思想が地べたの普遍性をもっていること(そうでないと、現実の壁にぶつかることができません)、そして、もう一つは、その一階部分が、多くのばあい、イデオロギーとして、より純化された側面を体現している二階部分の思想領域との間に、生き生きとした拮抗関係をもっていること(そうでないとこのイデオロギーを転換できません)。言葉を変えれば、この二つを備えていないと、思想は生き生きと人を動かさないし、また人からも、動かされない。そしてそれが、幕末の尊皇攘夷思想と昭和前期の皇国思想の違いでもあったのでした。

6　吉本隆明の一九四五年

ここで立ち止まり、小さな道草をしてみます。

私は、吉本さんの戦争体験と幕末の尊皇攘夷派の思想体験とを同型のものと見て、「内在」から「関係」へ、と述べました。そしてその観点に立てば、自分の手元にあるだけの材料から判断し、そこから「真」を割り出す考え方が「内在」の思考であり、他との関係から、「真」はカッコに入れて次善の策として「善」を割り出す考え方が、「関係」なのでした。

しかし、詳しく見てくると、両者の間には違いのあることも、わかります。幕末の尊皇攘夷思想は地べたの普遍性に立脚し、具体的な目標をもっていたために、現実の壁にぶつかることができたのですが、吉本さんが信奉した昭和前期の皇国思想はその条件をもたなかったために、「のれんに腕押し」のようになり、現実が固い壁としては現れなかった。その結果、現実の壁にぶつかることができなかった。というのが、その違いです。

そのために、皇国思想の信奉者たちは、そこで完全にノックアウトされ、これではダメだと、思想転換することができなかった。自分のなかの現実感覚(「善」)を麻痺させたまま、そのまま強者の論理と価値観——その「正義」——の前で、直立不動を決め込むことになりました。つまり、ずるずると、自分たちの唱える「真」(皇国主義、日本第一主義、天皇主義)に反旗を翻すことのないまま、これに殉じるあり方をとることになりました。

戦後の新しい思想の構図は、共産党の一握りの非転向組(0)を除けば、戦前から左翼的な、あるいはリベラルな思想を抱えながら、皇国思想の席巻には抵抗できずにいた少数の民主主義者(1)と、昭和前期に民主主義から皇国史観へと転向し、再び民主主義史観へと転向した多数の民主主義信奉者(2)と、やや緩和された皇国史観を内に秘めながら民主主義の世の中に面従腹背を決め込んだ保守主義者(3)と、新しい世の中で孤立した皇国主義者(4)とに分かれました。少々乱暴ながら、代表的な例をあげれば、(0)は日本共産党の宮本顕治であり、(1)は戦後の代表的知識人である丸山眞男であり、(2)は戦後の憲法九条平和論に道を開いた東京大学法学部の憲法学者宮沢俊義であり、(3)は戦後型従米保守に道を開いた吉田茂であり、(4)はなぜか最後まで現実の壁にぶつからず戦後も皇国思想の信奉を続けることのできた平泉澄です。

そして、そのうち、(2)と(3)が相互に重なりながら、新しい時代のマジョリティ、大多数部分を占めました。つまり、幕末には長州も薩摩も、それぞれ下関戦争、薩英戦争という彼らにとってのの全面戦争に負ける——現実にぶつかる——、そのことが、自分たちの考えを変えるきっかけになり、別の方向に転じる、ということが起こったのですが、昭和前期にはその何十倍もの規模で、文字通り完膚なきまでに敗れたにもかかわらず、その過程で、あ〜これではダメだ、考えを変えなければ、という契機は、現れてこなかった。つまりポツダム宣言を受諾するまで、誰も幕末のようには現実にぶつからなかったのです。

だとすれば、戦後、本当の転換は、誰のもとで、どのように起こっているのでしょうか。一つは、自分の家族、親しい人間に死なれたり、戦火のもとで辛酸をなめたことから、つくづく、戦争というものはダメだ、とわかった、というかたちで、多くの一般の国民のもとで、その思想転換が見えにくいかたちで起こっていました。これが、世にいう戦争体験というものの意味だと私は考えます。これは、日本の社会に、明治以降、ということは有史以来、はじめて、国民規模で起こった思想的経験――思想的転換――でした。そしてそこにはこれに加えて、新しい意味がありました。それは、皇国思想の時代に欠けていた地べたの普遍性が、戦後、「戦争はダメだ、いやだ」というこの戦争体験のかたちで、久方ぶりに日本の社会に持ちこまれたということです。それは幕末の「攘夷」の、誰がなんといおうと、これだけは本当、という弱者の抵抗以来の、地べたの普遍性、あの二階建て構造をつくり出す一階部分の出現でした。

また、もう一つは、戦時下の自分の皇国思想が、本当にダメだったと、それこそ思想的に、事後に、戦後になって思い知らされ、起こっている思想転換です。吉本隆明のばあいが、それにあたります。吉本さんは、戦争が終わった後は、しばらく、立ち直れないでいます。その折り、福島県須賀川に家族と疎開しているのですが、すぐに東京に戻るのは危険だ、と一九歳の吉本青年が、家族の帰京に反対しています（石関善治郎『吉本隆明の東京』作品社、二〇〇五年）。家族に何がふりかかってくるかわからないし、また「何かあったら何かやるんだ」という感じ。つまり、占領軍への反乱が起こったら、それに加担するということもありうるという気持でいるのです。

では、その後、戦時の自分の考えはダメだ、という認識は、彼にどのようにやってくるのか。一つは、米軍兵士との接触でした。接触といっても、ただ、その様子を遠くから見ただけです。

彼の見た米軍兵士は拍子抜けするようにリラックスしていて、チューインガムなどを噛んでいた。いかにも自由で、「いい加減」な感じ、くだけた感じだった。それまで思いつめて生きてきた彼は、そのことにショックを受ける。それは、こんなふうに起こります。

あるインタビューでの発言ですが、敗戦直後の日本が「死ぬまで戦うぞ」から簡単にGHQ（占領軍）になびいてしまった、と指摘され、彼はいいます。「本当にみっともない話ですが、（……）僕もそうでした。「鬼畜米英」といっていたのに、アメリカ兵を目の当たりにしたら、僕らは亀の子みたいにクビを引っ込めちゃったんです。敗戦直後、銀座や数寄屋橋あたりを歩いていたら、アメリカ兵が日本の女たちとたわむれている。鉄砲を逆さに担ぎ、ガムをクチャクチャ食いながらね。「あらーっ！」って感じですよ。「こりゃあ、予想してたのと全然違うわ」って思いました。それほど、アメリカ兵の態度はフランクというか、くだけたものだったんです」（『私の「戦争論」』一九九九年〔ちくま文庫〕）

もう一つは、東京裁判で明らかになる、日本軍の頽廃ぶり、別の意味での「いい加減さ」です。そのことがあって、先に引いた、「だから、戦後、人間の生命は、わたしがそのころ考えていたよりも遙かに大切なものらしいと実感したときと、日本軍や戦争権力が、アジアで「乱殺と麻薬攻勢」をやったことが東京裁判で暴露されたときは、ほとんど青春前期をささえた戦争のモラルには、ひとつも取り柄がないという衝撃をうけた」、という言葉がやってくるわけです。そこでも、「思いつめる」の逆で、「いい加減」に自由に、リラックスして生きることが、生きるということの意味なのだ、ともいうべき、地べたの普遍性につらなる新しい感覚が、訪れ、この自称皇国青年をノックアウトしているのです。

ノックアウトされてはじめて、彼は、自分をささえていた皇国思想が思想として脈がないこと、思想には一階部分がなければならないこと、すべてをそこから考えていかなければならないことを、学んだといってよいでしょう。そこから、彼の「内在」から「関係」へ、という考えも出てくれば、間違うことのほうに「動かしがたさ」(普遍性)があるばあいには、そちらに立つ、という転向論の考え方も出てくれば、大衆の原像に立脚して思想を構築する、自己表出の考えを中心に言語論、共同幻想論、心的現象論を考える、というこの後の思想の構えも出てくることが、見えてきます。「関係の絶対性」という考え方も、当然、それと無縁ではないでしょう。

しかし、先ほど少しだけ述べたように、幕末の尊皇攘夷思想は、明治維新を成就した新政府の要路にあるもと志士にあたる人々にとっては、維新成立以来、あまりふれられたくない、また思い出したくない過去となっていました。山本七平は、維新がなると、「明治は徳川時代を消した。と同時に明治を招来した徳川時代の尊皇思想の形成の歴史も消した」と述べて、次のような当時のお雇い外国人ベルツの日記を引いています(前掲『現人神の創作者たち』)。曰く、「今日の日本人は、自己の歴史をもはや相手にしようとしないのである。いや、教養ある連中は自国の歴史を恥じてさえいる。〝どんでもない。一切が野蛮きわまりないのです〟とある者は私に言った」。

しかし、それ以来、日本の近代の思想からは、抑圧された幕末の尊皇攘夷思想の記憶とともに、思想を成り立たせる最も大事なもの、地べたの普遍性をもつあの一階部分が、消えたのではなかったでしょうか。そのため、八〇年後の一九三〇年代、経済的な苦境を他国への軍事侵略によって打開するしかなくなり、日本が国際的に孤立し、国難が再び到来し、実はこれと似て非なる、天皇に宙づりにされたあの中空に浮かぶ理念一辺倒の空中楼閣、思いつめる一方の、皇国思想というものが現れると、これに誰もしっかりとした異を唱えられない、というようなことが起こっているのだと、私には思われます。

ここに述べた、幕末の尊皇攘夷思想と吉本隆明の戦後の思想と、そして戦後の戦争体験者にとっての戦争体験の関係は、このようなものだったのではないか、と私には受けとめられるのです。

7　護憲論の二階建て構造

さて、ここまでをお話ししたうえで、話を、現代の護憲論に転じたいと思います。

今日、ここまでお話ししたことは、戦後のリベラルな思想、私たちにとって重要な存在である憲法九条をめぐるいわゆる護憲論の思想と、どのように関わるでしょうか。

私は、現実によって存在することを促され、現実とのきしみ合いのなかに生き、そして、現に現実を動かすことのできる思想には必ずや、ここまで述べてきたような二階建ての構造があると思っています。皇国思想に欠けていたのは、この二階建て構造をささえる一階部分の思想でした（一階部分の代わりに、天空の一点に天皇が置かれ、すべてがそれとの関係で価値が決められました）。しかし、戦後現れた護憲論は、皇国思想とは違います。幕末の尊皇攘夷思想と同じく、一階部分をもっています。

つまり、護憲論もまた、二階建て構造をしていると見ることで、私たちにとっての意味が、明らかになります。

ふつう、これまで、私たちに護憲論として受けとめられてきたものは、憲法九条を字義通りに受けとめたばあいに現れるいわば日本国内の文脈でいう理想型の平和主義でした。これが護憲論の二階部分です。それをここでは憲法九条で代表させましょう。

これに対し、護憲論の一階部分は、護憲論がそのタテマエとは別に、現実的にどのように機能したかという側面で見るときに現れるその思想的な土台とその現実との接触面を含んでいます。

では、その一階部分とはどのようなものか。

先に述べた、これまでになく広範な国民によって分厚く経験された戦争の悲惨を受けての戦争体験、敗戦体験がその母胎です。

これは先に書いた『戦後入門』(ちくま新書、二〇一五年)という本にも述べたことですが、私は、いま私たちの社会に枯渇しつつある日本の戦後の平和思想をささえた戦争体験の核心を一言で言いあてる言葉は、井伏鱒二の小説、『黒い雨』で主人公によって語られる、「いわゆる正義の戦争よりも不正義の平和の方がいい」という言葉なのだろう、と考えています。

『黒い雨』は、高度成長のさなか、一九六六年に書かれました。姪の結婚を気にかけながら日々を過ごす中年の男性を語り手とした、広島に住む原爆被災者の家族の物語です。この穏やかな物語のなかに、一個所、主人公が原爆投下直後の広島市街を彷徨する場面が出てきます。そこで、主人公が、ふと、「戦争はいやだ。勝敗はどちらでもいい。早く済みさえすればいい。いわゆる正義の戦争よりも不正義の平和の方がいい」と考えるのです。

これが皇国思想の席巻の結果、もたらされた戦争の、しかも最終場面をなす原爆投下のもとでの言葉であることを考えると、「勝敗」などどちらでもいい、「早く済みさえすればいい」という言葉が胸につき刺さります。皇国思想の平泉澄は天皇の正義の戦争に終わりはない、といっていましたが、これは、そのうえでの、その言葉を受けた、原爆投下のもとで呟かれる、「正義の戦争」よりも「不正義の平和」の方がいい、という声なのです。

これが長い間、日本の戦後の、私たちの社会をささえた、演題にいう、「とにかくどんなことが起こっても、これだけはぼくは本当だと思う、ということ」だった。宮崎と井伏、二人のコトバは、既存の「正義の物語」などには負けないゾ、自分で新しい「正しさ」を見つける方向に歩むのだ、という気分で、つながっているのです。

そして、それとは別に、憲法九条の考え方をささえる護憲論ともいうべきものが、一九四六年のGHQによる憲法草案の提示以来、東京大学法学部の憲法学者宮沢俊義の「八月革命説」をはじめとする解釈の系譜として、現在の立憲主義の考え方まで続いてきています。そのような憲法九条観を中心に、世の知識人たち、また革新的な市民と呼ばれる人々が唱え、つくり出してきた平和主義思想、戦後民主主義思想といわれるものがそれです。これが二階部分で、その憲法九条の護教論は、いかに憲法九条の戦争放棄と戦力不保持と交戦権否定の平和条項がすぐれた、私たちにとってかけがえのないものであるかを、さまざまなかたちで述べてきました。

これを、一階部分をなす「不正義の平和」に対して、「正義の平和」と呼んでみましょう。私の考えでは、地べたに根ざす、「いい加減」さ、「不正直」さを含む戦争体験と憲法九条の現実との接触面からなる一階部分と、どちらかというとある意味、皇国思想にも似て中空に浮かび、「禁欲的」で思弁的で現実とは間接的に関わる「思いつめた」平和思想・立憲主義というこの二階部分の組み合わせが、長い間、日本の憲法九条をささえる護憲論の二階建ての構造を作ってきたものです。

そして、この二階部分の「正義の平和」を前面に掲げながら、その一方で、その現実との接触面での破綻を衝かれるたび、でも、憲法九条はその「不正義の平和」で、戦後七十余年の平和を実現してきたのだ、と二段構えに進むのが、戦後の護憲論の「強さ」でありまた「いい加減さ」だったのだと思います。

この「不正義の平和」観ともいうべきものが「いい加減」なものを含むというのは、次のような意味です。これを日本の平和思想を象徴するものと見ると、その特徴は、この平和主義が論理的ではない――論理的に不整合だ――、ということになります。というのも、この日本の平和主義は、戦争はどのようなものでもイヤだ、ダメだ、というのに加えて、さらに、その戦争の遂行において、とりわけ無差別大量殺戮兵器である原水爆は断じて許されない、と主張するものだからです。

また、現実との接触面において、憲法九条がかなり「いい加減」で「不正直」な存在だというのは、一方――中空――で絶対平和主義を標榜しながら、他方――現実との接触面――で日米安保条約のもと、米軍基地を存置させ、自衛隊をもつことをも実質的に黙認する、という構造のもと、長い間成立してきたことから、明らかでしょう。

まず、これが論理的でない、という点ですが、これはちょっと考えてみればすぐにわかります。

どんな戦争もダメなのであれば、当然、その戦争で行われる殺戮はすべて認められません。戦闘員間の殺戮なら許されるが非戦闘員への無差別殺戮は認められないとか、通常の戦争行為なら黙認できるが、戦争で自分の目的を達するために無辜の人を殺す行為は謀殺であり不正だといえるためには、戦争にも、許されうる(正しい)戦争と不正の戦争があるとしないと、理屈にはあわないのです。ですから、論理的には絶対平和主義と原爆投下弾劾の間には齟齬があります。

そのことに私は、先に『戦後入門』という本を書いたときに、イギリスの哲学者エリザベス・アンスコムのトルーマン大統領批判の論考を援用しようとして、はっきりと思い知らされました。アンスコムは正しい戦争がありうる、といいます。たとえばナチスのユダヤ人絶滅政策をやめさせるための戦争などです。その正戦論に立って、トルーマンの原爆投下は、その基準からはずれる、したがって不正であり、犯罪だ、という弾劾がやってきています。

しかし、あるばあいには、その戦争は、許される、という考え方がどうしてもなじめない。私は、そういう自分の平和感情のなかに大いなる論理的矛盾があることに気づかされたのです。そして、そこからは、さらにそれを超える哲学的な考え方もありうる、と考えることもできたのかもしれないのですが、むしろ、自分が日本のなかで身につけてきた平和思想が、論理的に破綻していること、何処か論理的に「いい加減」なあり方をもっていること、そちらのほうに、よりリアルな感触がある、戦争体験の分厚さがある、と感じ、自分を育ててきた平和感情というものは、その本質を論理的な不整合という点においているのではないかと考えるようになりました。

あえて、この直観を理屈めいて説明するなら、原爆が世界に登場して以来、戦後の国際秩序に論理的な整合性は失われた、と私は思っています。国連の体現する世界平和の追求が、安全保障常任理事国の核独占を前提に、核兵器を基礎に据えて成り立っているという事実が語っているのはそのことです。ですから、このような世界で、論理的に厳密だ、正しい、ということには、あるフェイク(偽物)の匂いがつきまとわざるをえない。それが私の戦後人としての直観なのです。

しかし、次の、現実との接触面での日本の平和思想の「いい加減さ」、憲法九条の「不正直」さも、これと同様、まったく弁解の余地のないものです。まず、当初、憲法九条は絶対平和主義を体現するものとして受けとられました。これを受け、一九五九年には、その第二項の定める戦力の不保持に違反するとして、日米安保条約の定める米軍基地は違憲、という砂川判決が下されています。けれども、このとき、何より日本の主要紙の社説が、これを支持するどころか、これは「おかしい」と批判しているのです。朝日新聞の社説は、「安保条約や行政協定までをも審査の対象としたのは果して妥当であろうか」と述べています(四月一日)。また毎日新聞の社説は、「駐留米軍は極東の平和と安全のために行動する使命を持っている。憲法の規定によってしばることができるものではない」と記しています(四月一日)。ですから、この年のうちに、すぐに最高裁で原判決破棄、差し戻しの判決が下り、憲法九条と米軍基地は両立することにされると、この矛盾は、そのままずんなりと日本社会に受けいれられていきます。

一九六八年には、このとき内閣退陣を迫った第一野党の社会党が、我々が「政権を獲得」した暁には「自衛隊を解体し、新たに平和共栄隊や平和国土建設部隊を創設する」という公約を掲げますが、これも、後に一九九四年、同党が連立政権の一翼を担うようになった際、あっさりとこの公約を撤回し、「日米安保条約と自衛隊の合憲」を村山首相が打ち出し、彼らの主張が何ら現実との接触面で「現実にぶつかる」抗いを見せる力をもたないものであったことが露呈されます。社会党はその後、急速に支持を失い、小政党に転落してしまうのですが、これは当然で、その責任は重大であり、このとき、激怒といった反応を見せたのが、先の吉本隆明でした。

日本共産党は、当初より憲法九条の絶対平和主義に反対の立場でしたが、その後、より現実的な主張に変わっていきます。そして社会党の転向以後、自衛隊解体を掲げる政治勢力は、新しく生まれていません。もはや絶対平和主義としての憲法九条の実行を過激に訴える政治勢力はどこにもなくなったのですが、しかし、この考えは、なお、護憲論の正統の主張の場から消えることがありません。憲法九条の規定に照らして、他国の軍事基地を許容し、専守防衛の自衛隊を保有しているわけですから、これだけでも、九条護憲の論は、ずいぶんと中途半端なあり方を示しているのですが、このことに加えて、その中途半端さをしっかりと自分のマイナス点として繰り入れ、自ら「転向」を自分に認められない点、そこも、やはりかなり「不正直」、悪い意味で(?)「いい加減」といわざるをえないのです。

とはいえ、日本の憲法九条を中心とする平和主義は、こうした「いい加減」さを身に帯びながら、満身創痍で、なお、何とか、占領期を終えた後、六十余年にもわたり、日本が戦争を起こすことにも、また他国の戦争に巻き込まれることにも、歯止めをかけてきました。そしてこれが、「正義の戦争よりも、不正義の平和の方がいい」という私たちの戦争体験の蓄積が可能にした、戦後の平和主義、護憲論の一大達成だった。——つまるところ、このような二段構えで、憲法九条の護教論としての護憲論は、一定の説得力をもってきたのでした。

8　壁にぶつかる護憲論

ところで、そうだとすれば、この戦後の平和主義、護憲論は、いま、ここに来て、「不正義の平和」として、現実の壁にぶつかっているのではないでしょうか。

というのも、二〇〇九年の政権交代後の政権党民主党の躓きをへて、二〇一二年末にこれに代わって成立した自公安倍政権の手で、この間、急激な日米同盟強化策が講じられ、これまでまがりなりにも「不正直」なかたちで機能してきた憲法九条の戦争抑止力が、いまやほぼすべて解除、無力化された、という局面に、現在の政治状況はあるからです。

二〇一四年の集団的自衛権行使容認の閣議決定と、それに基づく一五年の安保関連法の制定によって、これまで自民党の歴代政権も遵守してきた個別的自衛権による専守防衛の一線が、ほぼ最終的に崩されました。これで、米国からの軍事協力の要求に対する憲法九条の抑止的な機能は、ほぼすべて骨抜きになりました。これにより、自衛隊の海外派兵に道が開かれ、有事の際に米軍が自衛隊との共同作戦の指揮権をとるという吉田茂首相のときに結ばれた密約と合わせ、日本が米国の世界戦略に完全に従属的に、組み込まれる枠組みが整えられることになったからです。

しかしこのことは、右に述べた二階建て構造としての護憲論が、これまでにない、なりふり構わぬ強引な右派政権の登場によって、あっけなく瓦解してしまった、ということを意味しているのではないでしょう。これをそう見るのなら、事の本質を見誤ると思います。その背景にはもっと奥深いものがあるからです。

こう考えてみなければなりません。

まず、安倍政権がこれだけ強引なことを行うことができたのはなぜでしょう。それに先立つ前段階として、いくつもの強引な法案上程、メディアに対する目に余る統制、介入、脱法的な不正行為などがあったにもかかわらず、五年間にわたり、この政権への世論の支持が、さして落ちない、という強固な事実がありました。このことが、この強引な政権運営と政策追求を可能にしたものです。一時的な批判の高まりこそあれ、総じてこの間、支持は高止まりし、批判の声は必要な強さに達しませんでした。前代未聞のことをもたらした根源的な動因は、こちらのほうだったのです。

そしてその背景としても、あいつぐ戦争体験者たちの退場に伴う日本社会の平和主義の後退ということがありましたが、これも、そのことを指摘するだけでは足りません。そこにはもっと基本的な、日本社会全般の政治への無関心と無力感の広がりがあるからです。

教科書問題によって示される日本の文科省主導の教育内容の保守化ということも、むろんその一つです。

しかし、この流れを戦後全体として見るとき、これらの社会の構造の変質の根源として、日本が戦後、サンフランシスコ講和条約の締結以降も、本来の意味での独立国としての再出発をとげることができず、いわば他国の従属国的な境遇に甘んじてきたという事実のあることを、認めないわけにはいきません。

その特別さは、明治維新がなったときに、明治新政府が日本国の独立の回復に向け、国を挙げて、四十余年をかけて江戸幕府の結んだ不平等条約の改定に努力し、国民もこれを一致して後押ししたことと比較すれば、すぐにわかるかと思います。

明治初年、明治の日本に欧米列強による租界(外国人居留区)はありませんでした。しかし、治外法権が欧米列強の各国に認められ、また関税率を国益に適うよう自ら定める関税自主権も、奪われたままでした。この治外法権の撤廃、関税自主権の回復を、明治政府と明治の国民は、第一の国是とし、悲願としました。そうした努力の結果、治外法権の撤廃は、一八九四年、関税自主権の回復は、一九一一年に実現しています。

しかし、この点では、戦後の日本もほぼ同じです。というか、外国人租界にも匹敵する外国軍基地が広範に存在し、密約などで実質的に軍隊組織の基地権、指揮権もまったく他国の手に握られているという点では、不平等条約の度合いは、軍事的に、明治以上といわなければなりません。戦争に負けたのだからしょうがない、と思っている人がもしいるとすれば、それは大きな間違いです。一九四五年のポツダム宣言には、軍国主義の駆逐、軍隊の武装解除、戦争犯罪人の処罰、民主主義の復活、基本的人権の尊重などが実現し、かつ「日本国国民ノ自由ニ表明セル意思ニ従ヒ平和的傾向ヲ有シ且責任アル政府ガ樹立セラルルニ於テハ聯合国ノ占領軍ハ直ニ日本国ヨリ撤収セラルベシ」と定められていました(12項)。ですから、これを受けた一九五一年九月八日署名のサンフランシスコ講和条約にも、第六条の(a)として、「連合国のすべての占領軍は、この条約の効力発生の後なるべくすみやかに、且つ、いかなる場合にもその後九十日以内に、日本国から撤退しなければならない」と記されているのです。

これが、戦後の国際秩序に基づいて、その後、起こるはずのことでした。たとえば、このとき、日本と同じく連合国による占領のもとにあったオーストリアは、それから四年後、日本でいえば全面講和のかたちで、連合国(フランス、イギリス、アメリカ合衆国、ソ連)との間にオーストリア独立条約を締結し、永世中立国になることを宣言して独立しています。これにより、一九五五年の一〇月二六日には全ての国の占領軍がオーストリアの国土から撤兵しているのです。

では、なぜ、日本はこのような完全な「独立」ができなかったのでしょうか。日本の占領は、実質的には米軍単独で行われます。ほんとうは、連合国の最高機関である一一か国からなる極東委員会(FEC)に服属しなければならなかったのですが、マッカーサーは、いわば天皇を人質にすることで、憲法を改正し、戦争終結直後の混乱に乗じて、ポツダム宣言の規定に準拠しない、米国本国政府の意向に従う、無条件降伏に基づく占領を遂行することに成功します。その背景には、東西冷戦があります。これに加えて、一九五〇年には朝鮮戦争が起こりました。米国とくにその軍部は、世界戦略上、重要度を増した日本を手放すわけにいかないと考えるようになります。

そんなもろもろの事情があったわけですが、しかし、それは、理由にならない。どんな国にも、独立の困難はつきものだからです。その根をたどれば、当時の日本の指導層に、明治期の要路当事者にはあった、また、普通の国にも一定程度、期待できるはずの、自国の独立に向けた共通の認識と個人的な勇気とが、欠けていた。厳密に考えるなら、どうしてもこういう事実につきあたらざるをえないのです。

たとえ、どんなに困難だとしても、最終的には本来の独立が将来達成されるべきことが、このとき共通の目標として、指導者たちの念頭に置かれているべきでした。しかし、そういうことがなかった。たとえば、終戦直後の外相で一九四五年九月二日、全権としてミズーリ号で署名した重光葵は、後の手記に、九月三日への後記として、「日本の指導者」「剰へ上層部は」「何れも理性を喪ひたる占領軍に対する媚態となり、到底云ふに忍びざるものあり。右は単に政府部内のみならず。一般民衆においても然り。維新当初の状態を想起せしむるもの多し。所詮日本国民は自主性なき三、四等国民に堕したるなきや」と記し、結局、日本民族とは、自分の信念をもたず、強者に追従して自己保身をはかろうとする三等、四等民族に堕落してしまったのではないか、と慨嘆しています(『続重光葵手記』中央公論社、一九八八年)。彼は調印の翌日、九月三―四日、マッカーサーと折衝して当初GHQが計画していた軍政を撤回させ、一四日、マッカーサーがポツダム宣言の準拠枠を外れる直接統治方式に転じるや、的確にこれに反応しています。この「新事態」に対しては、総理を除く内閣の全閣僚が辞職して態勢を一新してこれに臨むべきことを首相の東久邇宮稔彦に「進言」するのですが、容れるところとならず、一七日、「解任」されます。この重光は、降伏調印に先立つ記者会見の席で、「明治維新のときも対外的に見ればその実質は無条件降伏であつた」。しかし「明治の人々」は「堅忍不抜、奮励努力して」「忍苦に耐へて国を興した」、と述べて、いま自分たちが幕末維新期と同じ境遇に落ちたことを強調していました（『朝日新聞』一九四五年九月二日）。このとき、重光は、歴史の意味を理解しており、見識に加えて勇気、胆力を備えていましたが、東久邇宮、さらに当時副総理の近衛文麿にも、明治期の岩倉具視ほどの見識も胆力も、もはやなかった。そしてその根は深い。私の見るところ、そこにあるのは先に見た皇国思想の席巻の根にあると同じ、抱懐されている思想に一階部分がない、という問題だったからです（その後の日米安保条約締結にいたる展開に昭和天皇が果たした一種犯罪的ともいえる致命的な役割については、豊下楢彦『安保条約の成立――吉田外交と天皇外交』〈岩波新書、一九九六年〉に詳しく述べられています）。

そして、その後重光の後を襲って外相となり、ついで首相となって日本の方向を決めるのが、吉田茂なのですが、この戦後日本の指導者にも、残念ながら、幕末の志士たちにつながる――天皇の意向をもはねのける――一階部分の胆力、勇気、気概はありませんでした。それを補うべきものとして、あの井伏の『黒い雨』に描かれた「不正義の平和」に現れた地べたの戦争体験が、戦後にはあったはずですが、戦後なお「臣茂」と名乗る彼には、それも無縁だったと見えます。そして、その後の日本は、この吉田の主導する日米安保を軸とする対米依存、対米追従の路線に進み、以後、日本の政治中枢から、独立を志向する政治家、官僚、エリートは、姿を消します。たとえいても、そういう存在は、変人の少数者として排除される。そうして私たちの前にいまの現状があるのです。

私は、この対米追従・従属路線も、もし国益追求のための「次善の策」として、十分に現実的に考えぬかれ、それが国民に率直に訴えられ、認証を受けるかたちでいわば公然たる「集団転向」として遂行されたのであれば、政策思想としてありえたし、受け入れることも可能だったろうと思います。現実にはやれることとやれないことがあるからです。しかし、このときの指導層が、幕末の志士たちとも、明治期の指導層とも違っていたのは、そもそも国の独立をいつかは勝ちとる、という共通認識がないうえに、強者に対等に向きあう勇気にも、自分の弱さと向きあう勇気にも欠けていたため、現実の壁にぶつかるという経験から、隔てられていたことです。天皇を人質に取られていた、という事情、あるいはその天皇自身が、米国の手で自分が庇護されることに違和感をもたなかった、さらに自分の保身、あるいは天皇制の保持のためにマッカーサー、吉田の頭越しに米国特使ダレスとの間に二重外交すら行う、という事情もあったのですが、しかし、それは言い訳になりません。

戦後の保守政治家たちには、重光葵、石橋湛山など、数人の例外を除いて、とにかく勇気がなかった。そして、それを彼らは知っていた。戦前、十分に皇国思想に立ち向かえなかったリベラルな学者、知識人たちが、戦後、その反省から、一致して、社会変革の流れに立ち上がった際、その自分たちの集まりを「悔恨の共同体」(丸山眞男)と呼んでいますが、しかし、そういうなら、戦後の保守政治家たちは、もっとタチが悪いというべきです。対米従属路線を選び、幕末期以来の独立の気概をもてなかったうえ、そのことの弱さを、率直に認めることができませんでした。吉田茂は、一九五一年九月のサンフランシスコ講和条約と同日、同市郊外の米軍基地で締結した日米安保条約の署名者となることを嫌い、式典に出席することを何とか忌避しようとしています。そして仕方なしに、日米安保条約に署名する際には、同じく全権の任にあった後進の池田勇人(蔵相)に、君のキャリアにマイナスになるからと述べて一人で署名を行っていますが(西村熊雄『サンフランシスコ平和条約・日米安全保障条約』中公文庫、一九九九年)、彼らの集合は、人にいえない後ろめたさを共有する点、より暗い「悔恨の共同体」を構成していました。

私は、戦後、そして占領終了後、しばらくしてから、日本の保守派の人々が「期待される人間像」、教科書検定、さらには閣僚たちの靖国参拝から近年の教育勅語の時期外れの称賛まで、いわば奇妙に観念的な戦前回帰をたえず志向してきたのは、自分たちが戦後、独立を早々にあきらめて対米従属に走ったことへの「悔恨」の裏返しなのだということに、最近、気づきました。そういう主張を観念的に行う戦後の保守政治家たちが、きまって強度の対米従属の信奉者でもあるのは、なぜだろう。長い間、そのことが不思議だったのですが、そう考えてはじめて納得のいく答えが得られたのです。

なぜ、中学校、高校の歴史教育が、明治のあたりまでで終わってしまい、もはや七〇年を超えた長い戦後の歴史が、子どもたちに教えられないのか、また、戦前末期の問題を事実通りに記述することが「自虐的」として攻撃されるのか。その理由も、この同じ、対米従属という現実の否認によって説明できます。

もし、戦後の保守政治家たちが、しっかりと米国に向きあい、日本の国益を守り、いうべきことをいい、沖縄の苦難に応分の敬意を捧げ、原爆犠牲者の尊厳を守って米国にしっかりと抗議できていたら、どうだったでしょうか。あるいは昭和天皇がはっきりと自分の責任を認め、けじめをつけ、退位していたらどうだったでしょうか。

たとえば一九四八年、東京裁判の決着に備えて田島道治宮内庁長官が「謝罪詔書草稿」をまとめています（加藤恭子『昭和天皇「謝罪詔勅草稿」の発見』文藝春秋、二〇〇三年）。そこには「朕ノ不徳ナル、深ク天下ニ愧ヅ」と書かれています。そのような謝罪詔書が公にされ、天皇の反省・謝罪の弁が公になっていればどうだったでしょうか。

もちろん、あの「自由主義史観」の教科書執筆者たちも、喜んでこれらの戦後の勇気と胆力あるエピソード、教育勅語の道徳を体現して自らの非を謝した天皇の行為を教科書に書き込み、これを讃えたことでしょう。自らの非を認め、謝罪した天皇はすばらしい、と。しかし、そういう事実はない。情けのない事実しかない。その反動が、彼らを、日本はすばらしい、という自画自賛の底の浅い日本礼賛の副読本の刊行へと駆り立てているのです。

9　憲法九条から日米安保へ

しかし、いつまで、この対米従属という現実の否認を続けることができるでしょうか。問題は、憲法九条も、護憲論も、この否認の構造に、しっかりと組み込まれ、これに加担すらしている、ということです。現在、憲法九条は、現実的な機能として、日米安保条約と、ということは米軍基地の存置と、相補的な関係のもとにおかれています。理念としてそれから最も遠くあるべきものが、それと一対になりつつ、そのことの否認として存立しているのです。

では、どうすればよいのか。

私は、ここで、憲法九条と護憲論は、あの「変態力」を問われていると考えます。憲法九条の変態力が、どこから生まれるか。それを考えるうえで最初の入り口は、憲法九条と護憲論がいま、なぜ、どのように現実の壁にぶつかっているのか――ぶつかりえているのか――、その衝突現場を探ることでしょう。また、そこで一階部分の平和感情と二階部分の護憲・護教論的な立論と主張が、どのような関係に置かれているかを、見ることです。

では、なぜ、どのように、憲法九条、護憲論は現実の壁にぶつかっているか。ぶつかることができているのでしょうか。

それは、もはや、戦争を阻止できなくなった、というかたちで、壁にぶつかっています。これは未確認の伝聞ですが、安倍首相によれば、集団的自衛権行使に道を開いたとたん、憲法改正に向けた米国からの矢の催促が嘘のようにやんだ、ということで、そういう話がまことしやかに一時期、囁かれたようです。事実かどうかは確認できないのですが、それとは別に、さもありなんと思わせる話です。というのも、憲法九条があっても集団的自衛権の行使が可能なのであれば、米国は自衛隊を自由に自分の指揮権下で使えることになり、米国側の所期の目的はこれでほぼ達せられたことになるからです。もう憲法九条の空文化は、国内的には、未了だとしても、国際的には、ということは、日米間では、ほぼ——九〇パーセント——完了しているのです。

つまり、憲法九条は、最後の砦も破られた。残るのは条文の改正と自衛隊海外派遣上の法的な手当てくらいしかない。しかし、そのことを、まだ大丈夫だ、終わってない、ではなく、敗北だ、と受けとめるなら、そのことではじめて、憲法九条と護憲論は、現実の壁にぶつかることができる。それが、壁にぶつかる、ということなのではないでしょうか。

だとすれば、もう一度、とにかく、どんなことが起ころうと、「戦争はダメだ」という戦争体験の初心の場所まで戻り、そこからはじめ直すしかありません。いまいる場所から、何が失敗の理由だったのかを洗い直し、戦争を阻止しようとするには、何が必要か、と考え直してみるほかありません。

はじめて、一つの反転攻勢のかたちが、この壁とぶつかることで、生まれてくるのです。

私は、ここでは、二階部分の立憲主義の議論にはふれません。しかし、次のことだけはいっておきたいと思います。立憲主義が、憲法を国に守らせるという構えをもつ以上、その国が合憲的に憲法のほうを変えてしまえば、その主張は、改正への反対としては、足場を失います。その憲法「改正」が合法的である限り、今度は改正された憲法九条を国に守らせることが、立憲主義の主張に適うこととなるからです。このことは、たとえ、この先の憲法九条の自公政権主導の「改正」が問題だとしても、改正が合法的になされてしまえば、それに対する反対は、もはや立憲主義というかたちで、従来通りにはなされえなくなることを語っています。そして私たちは、現在衆議院の三分の二以上の議席数で、この自公政権を支持しています。ですからこうした九条による戦争合憲論という事態をも、いまや考慮する必要があるのです。

したがって、私たちは、この一階部分に立って、むしろ、憲法九条からいったん離れ、私たちが「戦争」を行わないためには、いま、どうすることが必要なのか、から考えてみなければならないはずです。

すると見えてくるのはどのようなことか。憲法九条の問題とは、実は、あるときから、日米安保条約の問題になっていた、ということではないでしょうか。

冷戦が終わった後、都留重人さんが『なぜ今、日米安保か』(岩波ブックレット、一九九六年)という パンフレットと、『日米安保解消への道』(岩波新書、一九九六年)という本を発表しています。主題は、日本の国が冷戦終結以後、「変われるのか」ということ、「国の進路を過《あやま》たないために、いま何をすべきか」ですが、そこに憲法九条の話は出てきません。扱われているのは日米安保条約をどうすれば「解消」できるか、という問題です。日本が「変わる」ために必要なのは、日米安保の枠内で沖縄の負担を「縮小」するのではなく「解消」するにはどうするかを考えることだ。つまり都留さんは、他の革新陣営の論者が憲法九条を守れ、というのに対し、問題はいまや、日米安保をどうすれば解消へともっていけるか、ということだと喝破しているのです。

私は『戦後入門』を書くにあたって冷戦終結以後のロナルド・ドーアの論(『「こうしよう」と言える日本』朝日新聞社、一九九三年)に多くを教えられたのですが、日本のなかにも、実は都留さんのように、護憲論の枠にとらわれないで考えるクールな革新派知識人がいたのでした。

どうすれば日本は変われるのか。

そのために、必要なのは、まず、自立して、日本が日本の国益を第一に考えるというあり方を、再構築することです。つまり、「後ろめたさ」、ルサンチマンから離れ、冷静に、現実的に、対米従属からの自立、国の独立をめざす、というあり方です。

しかし、そのことにはいくつかの条件がつきます。一つは、そのことによって国際的に孤立することはどうしても避けなければならない、ということです。日本は国連加盟国のなかでも旧敗戦国として最も立場の弱い国の一つです。そのことを忘れるわけにはいきません。二つは、それとつながることですが、この独立によって米国と敵対関係になってしまうことはできたら、避けたほうがよい、ということです。現在の世界の国際秩序のもとで、米国から離反し、これと敵対することになれば、国際的な孤立は必定でしょう。米国は依然として世界にとって重要な国です。貿易立国の日本は、米国と手を携えて世界をささえていくというのが、一番です。

ところで、私は、こう考えて、この対米自立からのほぼ唯一の、実現可能かはわからないながら、構想可能な行動指針として、憲法九条の平和条項を徹底強化する方向での、対米自立の提案を行っています。『戦後入門』で行った提案がそれです。

そこでの重点は、国連とのつながりが大事だということですが、それについてはここではそれ以上、ふれません。ただ、一つ強調したいことは、その本での私の結論が、国際的孤立と米国との対立にいたらないで、対米自立を達成しようとすれば、この点からいって、やはり憲法九条が最大のカギとなる、というものだったということです。

それをなくすのではなく、さらに強化することで、対米自立を果たし、米国とも良好な関係をつくり出していくことができる。その正面突破策のカギが憲法九条なのです。

第二次世界大戦終結直後の米国の国際平和構想は、国連の警察軍創設による集団安全保障体制を前提にしたもので、マッカーサーが米本国に一部抵抗しながら憲法九条の戦争放棄、戦力の不保持、交戦権否定というかたちで提案したのも、それに立ってのことでした。どの国も、戦争放棄、戦力の不保持、交戦権否定を謳い、それに違反する戦争行為に出る国があれば、国連の警察軍がこれを制裁する。その制裁の軍事行為は、国連だけに保障される、というのがそこでの考え方です。この基本構成は、いまも変わりません。未了ながら、現在の国際秩序の基本形として、国連のもとに残置されています。日米安保条約も、いまや形骸化されているとはいえ、なお国連の枠を無視できないかたちで成立しています。ですから、その国連とのつながりのカギである憲法九条が、日本と米国、さらに戦後の国際秩序のすべてにフィットする、現在日本の手にある唯一のジョーカーであり、マスターキーなのです。

その初心の構想に戻り、現在の自衛隊は、これを国連待機軍のようなものに再編する、そして国の安全保障は、必要と判断すれば米国との集団的自衛権の取り決めも行うが、根幹は今後創設される国連警察軍によるものとする、したがって、いったん米軍基地は撤去する、というのがこの本での私の提案の骨格です。むろん、今後、再び、日本が米国と緊密な関係に入ることは大きな選択肢の一つです。ただし、そのとき、日本は独立し、日本国内に米軍基地はありません。外国軍基地の撤去を規定に繰り込むことでそれを可能にするというのが、私の新しい憲法九条改正案なのです。

こうした私の考えに対しては、これまでの護憲論、改憲論からさまざまな反対、疑問、批判が寄せられることが考えられます。

しかし、それに対しては、こう答えておきたいと思います。護憲論は、日本の戦争体験にねざす平和主義を一階部分とし、憲法九条の条文を二階部分として存在してきました。しかし、二階部分である憲法九条を単に守るだけでは、もはや憲法九条が保障してきた一階部分の地べたの平和主義が守られないところまで来てしまいました。そして、その敗北に、私たちも、私たちの護憲論も、憲法九条も、責任があるはずです。そうであれば、私たちがやるべきなのは、この一階部分を生かすために、この二階建て構造の総体を変えることではないでしょうか。

この国をして戦争をしない国にする。それがめざされなければならない第一のことなのですから、そのために、日米安保条約を解消する。そのために、憲法を変えることが一つの活路になるなら、それを躊躇すべき理由はない、というべきなのではないでしょうか。

たとえば、都留さんは、先の本で、日米安保条約解消のための一歩として、沖縄の基地をなくし、その用地にニューヨークの国連本部を移し、国際政治のセンターとすることで、新たに日本が国際平和のイニシャティブを取るという驚くべき提案をさえ、しているのです。

また改憲論者には、こういいましょう。あなた方は、憲法九条を捨てようとしています。しかし、それは決定的な間違いではないでしょうか。日本の独立を視野に入れない未来構想は、無責任だというほかない。そのことには同意してもらえるでしょうが、では、そのことによって国際的な孤立をまねかない対米自立の構想が、どう可能か。それを考えれば、憲法九条がいま日本の手にある唯一の打開策のカギなのだということが、あなた方にも、わかるはずだと。

護憲論の二階建て構造においては、「とにかく戦争はいやだ」という一階部分の声に押され、この窮状、現実の壁を前に、二階部分が仕方なしに変わる、ということが、ありうべき変革のカギであり、一つの希望だということ。というか、「変節」は、護憲論においてそのようなかたちでしか自己を貫徹するかたちでは、起こりえないだろう、ということ。憲法九条の問題のカギは、いま、日米安保条約をどう解消するかということに、移っている。以上、変わることの力、そして護憲論についての私の考えを述べてみました。

ご静聴ありがとうございました。

＊　本書は、第一九回信州岩波講座二〇一七「変わる世界　私たちはどう生きるか」での講演「どんなことが起こってもこれだけは本当だ、ということ――激動の世界と私たち」(二〇一七年八月二七日、須坂市メセナホール)に大幅に加筆修正したものです。

加藤典洋

1948年山形県生まれ．東京大学文学部仏文科卒．現在，文芸評論家，早稲田大学名誉教授．『言語表現法講義』(岩波書店，1996年)で第10回新潮学芸賞．『敗戦後論』(ちくま学芸文庫)で第9回伊藤整文学賞．『小説の未来』『テクストから遠く離れて』(朝日新聞社／講談社，2004年)の両著で第7回桑原武夫学芸賞．ほかに，『僕が批評家になったわけ』(岩波書店，2005年)，『さようなら，ゴジラたち』(岩波書店，2010年)，『3.11死に神に突き飛ばされる』(岩波書店，2011年)，『ふたつの講演　戦後思想の射程について』(岩波書店，2013年)，『吉本隆明がぼくたちに遺したもの』(共著，岩波書店，2013年)，『人類が永遠に続くのではないとしたら』(新潮社，2014年)，『戦後入門』(ちくま新書，2015年)，『村上春樹は，むずかしい』(岩波新書，2015年)，『日の沈む国から――政治・社会論集』『世界をわからないものに育てること――文学・思想論集』『言葉の降る日』(いずれも岩波書店，2016年)など，多数．

どんなことが起こってもこれだけは本当だ、ということ。
――幕末・戦後・現在　　岩波ブックレット983

2018年5月8日　第1刷発行

著　者　加藤典洋《かとうのりひろ》

発行者　岡本　厚

発行所　株式会社 岩波書店
〒101-8002 東京都千代田区一ツ橋2-5-5
電話案内 03-5210-4000　営業部 03-5210-4111
ブックレット編集部 03-5210-4069
http://www.iwanami.co.jp/hensyu/booklet/

印刷・製本　法令印刷　　装丁　副田高行　　表紙イラスト　藤原ヒロコ

ISBN 978-4-00-270983-3　　Printed in Japan